가장
젊은 날,
오늘

가장 젊은 날, 오늘

초판 1쇄 발행 2020년 10월 09일

지은이 엘프린스킴
펴낸이 장현수
펴낸곳 메이킹북스
출판등록 제 2019-000010호

디자인 안영인
편집 안영인
교정 김시온
마케팅 오현경

주소 서울특별시 금천구 가산디지털1로 142, 312호
전화 02-2135-5086
팩스 02-2135-5087
이메일 making_books@naver.com
홈페이지 www.makingbooks.co.kr

ISBN 979-11-91014-21-1(03810)
값 12,000원

ⓒ 엘프린스킴 2020 Printed in Korea

잘못된 책은 구입하신 곳에서 바꾸어 드립니다.
이 책의 전부 또는 일부 내용을 재사용하려면 사전에 저작권자와 펴낸곳의 동의를 받아야 합니다.

이 도서의 국립중앙도서관 출판예정도서목록(CIP)은 서지정보유통지원시스템
홈페이지(http://seoji.nl.go.kr)와 국가자료공동목록시스템(http://www.nl.go.kr/kolisnet)에서
이용하실 수 있습니다. (CIP제어번호 : CIP2020041243)

홈페이지 바로가기

메이킹북스는 저자님의 소중한 투고 원고를 기다립니다.
출간에 대한 관심이 있으신 분은 making_books@naver.com으로 보내 주세요.

가장 젊은 날, 오늘

엘프린스킴 지음

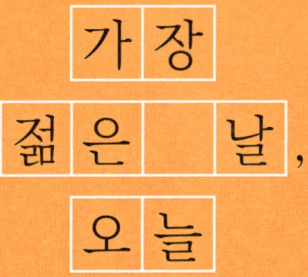

메이킹북스

/ 목차 /

1장 #기적 #가장 젊을 때

날 만드는 날 8 / 맘 꽃 9 / 시 10 / 글 꽃 11 / 기적 12 / 내 이름으로 산다 14 / 인생 미 15 / 삶을 사는 이에게 16 / 쉼표 17 / 구멍 난 현재 18 / 속마음 19 / 생각 질주 20 / 계속되는 생각 21 / 까만 공감 22 / 속상한 나에게 23 / 눈물벽 24 / 고단한 하루 25 / 떠나보낸다고 떠나겠냐마는 26 / 고마운 눈물 27 / 뿌리 깊은 나무 28 / 먹구름 29 / 커피원두 30 / 사실은 31 / 생각단속 32 / 금이 가다 33 / 버려야 할 것 34 / 멍 36 / 불빛 37 / 가장 젊을 때 38 / 오늘 39

2장 #진 꽃자리 #그리움은

안녕이라는 인사 42 / 글 그림 43 / 가을나기 44 / 아버지 손 45 / 옛 친구 46 / 손님 47 / 슬픈 무소식 48 / 얼음 49 / 어쩌랴 50 / 화해 51 / 떨어진 잎사귀 52 / 흉터 53 / 세월은 가고 54 / 아버지를 잃고 55 / 잃어버린 후 56 / 할미꽃 57 / 가을, 또 보자 58 / 이별 59 / 잔디 60 / 순응 61 / 진 꽃자리 62 / 반대말 63 / 병든 마음 64 / 눈물 꽃 65 / 빗방울 66 / 그대 그림 67 / 덜어내다 68 / 인정하기 69 / 인생 꽃 70 / 의미 71 / 향나무 72 / 그리움은 73

3장 #애심 #고백

뭉게구름 76 / 누구에게든 77 / 소소한 행복 78 / 시 꽃 80 / 애심 81 / 편지 82 / 휘파람 83 / 석양 84 / 노을이가 85 / 이유가 있겠지 86 / 연락이 닿지 않을 때 87 / 한 걸음 뒤에서 88 / 물빛별이 되어 89 / 마음이 내는 눈물 90 / 아린 꽃 91 / 바람 부는 날에 92 / 보고파 93 / 빛이 되어 94 / 보랏빛 그녀에게 95 / 오래된 만남처럼 96 / 숨은 보석 97 / 선물 98 / 웃음꽃 99 / 글 잔치 100 / 작가친구 101 / 잠시라도 102 / 고백 103 / 소망 104 / 왼손 105 / 키질하기 106 / 외침 107 / 이끄는 삶 108

4장 #함께 #사랑합니다

심쿵 112 / 카페라떼 113 / 약속 114 / 기다림 115 / 화들짝 116 / 김치찌개 117 / 수고한 당신에게 118 / 다림질 119 / 스위치 120 / 돌부리 121 / 당신이 없는 날 122 / 보약 123 / 부부 124 / 부부 2 125 / 아플 때 126 / 함께 127 / 동반자 128 / 커피 한 잔 129 / 사랑합니다 130 / 단잠 131 / 품 132 / 가슴속 말 133 / 부러진 의자 134 / 기억해 135 / 아빠 애인 136 / 아들 생각 137 / 행복한 아이 138 / 겸손 139 / 생각여행 140 / 인생 마라톤 141

1장

#가장 젊을 때
#기적

날 만드는 날

여러 날이
왔다가
여러 날이
갑니다

다 똑같아
보여도
다 다른 날
이지요

맘 꽃

내 마음에
꽃들을 심자

슬플 때
조금만 울게

시

고통을 고통이라
아픔을 아픔이라

인정해 주는
오랜 친구처럼

걷다가 쉬다가
쉬다가 걷다가

이처럼 좋은
동행자가 또 있을까

글 꽃

생각이
간질간질

생각이
꼼지락꼼지락

글 꽃이
활짝 피었습니다

기적

눈 뜬 아침
그대 얼굴이
내 앞에 있는 것

걸어서
내 발로
출근 버스를 타는 것

손님맞이
준비를 하고
커피 한잔하는 것

어제와
비슷한 일상을
누리는 것

당연한

줄 알았는데

당연하지 않은 것

내 이름으로 산다

들에 핀 작은 꽃들도
다 이름이 있다더라

내가 모를 뿐이지
이름 없는 꽃으로 사는 건 아니다

세상이 모른 척한다 하여
이름이 사라지는 건 아니더라

내 이름으로
알맞게 살아가면 행복할 일이다

인생 미

저마다
주어진 날에

하나뿐인
무늬와 색을 새기다

삶을 사는 이에게

삶이
누구에게나
있다고 해서
나에게
특별하지 않은 건
절대 아닙니다
자칫
하찮게 여겨
소중함을 잃어버릴 수 있으니
심히 조심해야 합니다
주어진 삶의 주인이
하인처럼
살 수는 없으니까요

쉼표

떨어졌다
시험에서

쉬어 가는 게
다시 일어서는 게

이렇게
힘들 줄이야

구멍 난 현재

현재보다
과거를
현재보다
미래를
바라다보니

섭섭하고
후회되고
암담하고
온전치 못한
죄책감뿐이네

속마음

혼자 있고 싶다
그러면서도 누군가
같이 있어 줬으면 좋겠다
아마도
내 마음을 무작정
들어 줄 사람이
있었으면 한가 보다

생각 질주

멈추고 싶은
생각이건만

고속도로를 탔나보다

밤은 짙어 가는데
위험하게도

생각 길엔 환한 대낮이다

계속되는 생각

생각이
멈추지 않는다

눈을 감아도
눈을 떠도
잠을 잘 수가 없어

너로 인해
피곤이
어깨를 짓누른다

까만 공감

고된 밤
반짝이는 별보다
까만 하늘에
눈이 더 가는 건

오늘,
마음이 그런가 봅니다

속상한 나에게

울고 싶을 땐
울어도 돼

실컷 우는 거야

그런다고 넘어지지 않아
그러니까 괜찮아

다시 힘을 얻어
나아갈 수 있는 건

거기부터니까

눈물벽

하루 종일
참았던 눈물벽이
당신 목소리에
허물어집니다
상처 난 가슴
소독이라도 하듯
쏟아지는 눈물

쉬이
멈추질 않습니다

고단한 하루

아홉 번 울고
한 번 웃을지라도

웃음이 나니
그래도 산다

떠나보낸다고 떠나겠냐마는

떠나보낸다고
마음까지 떠날 수 있겠냐마는

이제는
힘을 써
떠나보내려 한다

떠나보내는 것이
널 위한 것이라면
그리고 날 위해서

비운 만큼 서로의
삶이 풍성해지길 기도하며

고마운 눈물

눈물 나는 게
고마워요

얼어 버린 마음
녹여 줄 수 있는

따뜻한 눈물이
고마워요

뿌리 깊은 나무

살아 보니
그냥 되는 건 없더라

꺾이기도 하고
휘어지기도 하며

견고한 뿌리를
그렇게 내리더라

먹구름

구름 가니
비도 가는구나

세월 가면
아픈 가슴도 쉬려나

커피원두

움츠러든
내 마음처럼
콩알만 하고

타들어 가는
내 속처럼
까맣구나

너도 나처럼

사실은

혼자 있고 싶어

안 먹어
건들지 마
내버려 둬

사실은

가지 마
위로가 필요해
화해하고 싶어

도와줘 제발

생각단속

단속하지 못한 생각은
천방지축 제멋대로다

가 버리고 싶단다
아무도 모르는 곳으로

무엇이 힘들었을까
무엇이 서운했을까

한참을 서럽게 울고 나니
단속하지 못한 생각이

날 위로한다
괜찮다고

금이 가다

아무리
마른 땅일지라도
흥건한 빗물이 달갑지는 않네요
뜨건 햇볕도 잘 견디며
강한 바람도 이겨 냈는데
다급한 목마름에
벌컥벌컥

익어 가던 열매에
금이 간 걸 보니
간절할수록
다급한 마음을 먹는 건
안 되겠다 싶어요

버려야 할 것

안 된다는 생각은
처음엔
나를 쉬게 하지만
갈수록 무기력하게 만든다

안 된다는 생각은
일어서려는 나를
자꾸만
끄집어내려 앉힌다

안 된다는 생각은
오래 머물수록
서서히
나를 병들게 한다

그래서
안 된다는 생각은
가지기보다는 빨리
버려야 할 것 중 하나다

멍

방심한 탓에
시커먼 멍이 잔뜩 끼었다

그걸 보고 있노라니
순간 아찔하지만
겁먹지 않기로 했다

언제가 됐던
어차피 사라질 멍일 뿐

불빛

어둠이 드리울 때
제대로 빛을 내는
너처럼

힘든 어려움이 닥쳤을 때
제대로 빛을 내고 싶다
나도

가장 젊을 때

아기는
아프고 나면 훌쩍 큰다더라

마흔 넘어 아프고 나니
모든 게 늙더라

어릴 때는
하루 빨리 어른이 되고 싶다더니

어른이 되고 보니
한 살이라도 젊어지고 싶더라

그래도
오늘이 가장 젊을 때라 하니
생각해 보면
그 말이 참말이더라

오늘

늙었다고
우울해 말자

그래도
가장 젊은 날, 오늘

설레는
꿈을 꾸는 거야

하루만 있을지라도
꿈 꽃 틔우며 그리 살리라

2장

\#그리움은
\#진꽃자리

안녕이라는 인사

안녕
반가워요
안녕
또 봐요

만날 때도
헤어질 때도
같은 말을 하는 건
한결같길 바라는 마음

글 그림

쫙 펼친
생각종이에

살아가는 오감을
구겨진 듯 펴진 듯

생생한 무늬로
얕은 듯 깊은 듯

울기도 했다가
웃기도 했다가

가을나기

가을은
짓궂게도
유난히 가을을
싫어하는 당신에게로
먼저 갑니다

무더운
여름을 지나
선선한 바람을
반길 만도 한데
가을을 홀대하는
당신이 가여워

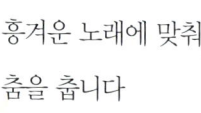

흥겨운 노래에 맞춰
춤을 춥니다

아버지 손

낮잠 주무시던
아버지 팔을 베고

커다란 손에
내 손을 쏘옥 넣어 봐요

아버지는 아는지
모르는지 그냥 주무시고요

커다랗고 따뜻했던 손
내 손을 포근히 감싸 주었던 손

옛 친구

참 예쁘다
영영 변하지도 않아

아주 가끔씩
꿈에라도
함께 웃고
떠들어 주니
설렌 마음
아쉬운 대로
그거면 됐다

친구야
그리움이 꿈이 되는 날
그때 그 모습으로 또 보자

손님

콩콩콩
까치 발걸음도
가벼운 걸 보니

오늘은 그 분이
오시려나 봅니다

흥얼거리는 까치노래
설레는 건 내 마음

오늘은 그 분이
오시려나 봅니다

슬픈 무소식

그나저나

며칠째
울어 대는 까치 소리에도
아무런 소식이 없습니다

젖어 드는 소맷자락에
차가워진 가슴만
오들오들 떨려옵니다

얼음

녹여 버리면
그만일 것을

움켜쥔 손 할퀴듯
차마 녹이지 못해

얼어 버린 마음속
시린 말들은

방향도 없이
날카로이 스친다

어쩌랴

꿈에서
서운했다고
한들 어쩌랴
꿈일 뿐인데

곤히 잠든 당신
깨워 본들 어쩌랴
상관없는 내
꿈인 것을

다행인 거지
꿈이라 다행이야

화해

할 말을
찾아 헤맵니다
미안하다는
말밖에 없는데
목구멍만
들락날락
할 말을 못해
큰일입니다

떨어진 잎사귀

멀리서 보니
멋스럽더라

그래서 넌
그런 줄만 알았지

맞대어 얼굴을 보니
상처가 참 많구나

너도 나처럼
여러 날

눈물을 삼켰나보다

흉터

더 이상
아파하지
않기로 했다
흉터는
남았을지언정
상처는
아물었다

흉터가 되기까지
그만큼 고생했으면
된 거다

세월은 가고

부는 바람
잠시 머물러
머리칼 휘젓듯
휑한 마음 헝큰다

서산에 붉은
노을은
가는 해가 주는
귀한 선물

달 가듯
세월은 가고
그리움은
총총히 별처럼 뜬다

아버지를 잃고

그때는
내 슬픔을 감당하느라 몰랐다

산천이 바뀌고
그 나이가 되어 보니 보게 되더라

하늘도 눈물을 그쳤는데
많이 늙은 엄마 생각에 운다

잃어버린 후

임자 없는 삶처럼
살아온 날들이었으리라

도저히
버거운 무게를
견딜 수 없어
악착같은 모습이
얼굴에 배도록
그리 살았으리라

영영 다음 날이
없는 것처럼
새벽 별과 늦은 밤 달을
벗 삼아 고된 하루
넘기고 넘겼으리라

할미꽃

할미 할미 할미꽃
어릴 적 무조건 내 편이었던
할머니 생각

할미 할미 할미꽃
다 커서 힘들고 지칠 때면
할머니 생각

할미 할미 할미꽃
고개 숙여 기도하시던
울 할머니 닮았네

가을, 또 보자

방향도 모를 파란 호수 같은
넓은 하늘 한가운데
새들은 벗들과 무리 지어
어디론가 바삐 움직이고
여린 코스모스는
아직 씨를 맺지 못한 채
늙어도 향기로운 국화 옆에서
그저 웃는다

나를 보며

이별

바람을 만나더니
바람난 낙엽
가지 말라고 내민 손
끝내 뿌리치고

기어코
가려거든
잘 살아라
후회 없이

잔디

늘 푸른빛이 아니어도
늘 황금빛이 아니어도

따뜻하면 푸른빛으로
추워지면 황금빛으로

너는
계절을 멋 부릴 줄 아는구나

순응

마지막, 마른 잎사귀
갈 곳을 정하기도 전에
새순은 성급히도 돋는구나

이러나저러나
가고 오는 게 당연한 일이지
그럼 당연한 거야

진 꽃자리

새순이 돋고
열매를 맺고

꽃이 진다한들
슬퍼할 일은 아니라며

꾸역꾸역
울어 댄다

반대말

너무 슬퍼하지 말라는
너의 말에
왈칵 눈물을 쏟아 버렸어

슬퍼하라는 말처럼

병든 마음

망울진 채 말라 버린
꽃에겐
무슨 일이 있었을까

초라한 마음에
제때 아물지 못한 상처가
자꾸만 덧나 버린다

망울진 채 말라 버린
꽃도
마음이 아픈 걸까

눈물 꽃

그대 생각에
몇 자 적어 봅니다

한 자 한 자
한 방울 한 방울

눈물 꽃이 번져 활짝 웃습니다
마주 대하던 그대처럼

빗방울

빗방울에겐
해금 소리가 난다

너무 보고 싶어 그렇고
돌아갈 수 없어 그렇고

빗방울에겐
구슬픈 소리가 난다

그대그림

그대 향기 머문 곳마다
그대 흔적 곱게 물들여
마음 우체통에 넣어둡니다

언제든
꺼내어 볼 수 있게

덜어내다

인생의 무게를
차곡차곡
지우기만 하지 말고
조금씩 덜어보면 어떨까

지금까지
살기위해 버티었다면
이제는
살기위해 덜어내어 보자

인정하기

오고 가는 것
가고 오는 것
눈여겨보면
자연스러운 것을

묶어두려
애쓸수록
기쁨은 잠시
쓴 가슴만 더 써지더라

인생 꽃

희로애락 사이사이
생로병사 굴곡굴곡
눈물로 피는 꽃이라

웃어도
눈물 고이는 꽃

의미

당신을
바라고 바랬더니
내 마음속
꽃으로 피었습니다

웃는 날보다
힘든 날 많았을지라도
영영 시들지 않는
꽃이 되었습니다

향나무

그대
짙은 향내
가슴에 배어

그대
그리움
가슴 꽃 피었습니다

그리움은

그 시절이 그립다하여
돌아갈 순 없지만
여전히
눈물이 되고 웃음이 되는
한 장면 한 장면

가슴이 허해지는 날
그리움은
살아갈 버팀목입니다

3장

#고백
#애심

뭉게구름

힘든 날
당신 마음
쉬어 가라고
파란 하늘에
포근포근
목화 한 움큼
띄워 둡니다

하늘 한번 보세요

누구에게든

누구에게든
수시로
필요한 말
사랑합니다

누구에게든
수시로
필요한 마음
감사합니다

소소한 행복

소소한 거라 생각했어
마주 보고 밥 먹는 거
같은 곳을 바라보며
산책하는 거
행복은 멀게만 느껴지더라
밤이면 더욱 반짝이는 불빛들
외로움에 작아진 나를
더욱 작게 만들었어
작고 작아진 나에게
외로움이란 친구는
달과 별들
꽃들과 바람
구름 넘어 빛나는 해를
사귀도록 했지
그러고는 깨달았어

조금 다른

소소한 행복이 내게도

가득해지는 것을

시 꽃

사연마다
색이 들어
피어나는 꽃
사시사철
피었다 지고
지었다 가도
다시 사는 꽃

애심

이리 갔다 저리 갔다
이리 기웃 저리 기웃

망울진 국화
더 이상 견딜 수 없어
톡 터진 꽃잎마냥

꽉 채운
보름달 같은 마음 어이할거나

편지

이렇게
코스모스 하늘거리는 날
정겨운 우체부 아저씨
편지 한 통 들려 주네
순진하고 촌스럽던
옛 추억 들추어 내

커피 한 잔
그리움 한 자락
더 얹는다

휘파람

박박 긁힌 마음 달래볼까
중턱, 산허리 걸터앉아
휘이 휘이 휘파람 소리

장밋빛 인생이 어디 있다고
사랑 하나 꿈 하나 이거면 됐다

석양

홍조 띤 석양을 보니, 종일
경직되었던 마음 그제야 풀어져
아무리 봐도 눈부심 하나 없이
퍼져 가는 아름다움에

빛바랜 가슴일지라도
맑은 눈물방울 으깨어 꿈을 꾸리라

노을이가

수고했다
참 수고했다며
하늘 한가득
큰 꽃을
그려준다

쉬어야 한다고
그래야 잘 살 수
있다고 잠시라도
걸음을 멈추어
서 보란다

이유가 있겠지

무작정 혼자 걷는 거
오래도록 먼 산 바라보는 거
자꾸만 꽃을 들여다보는 거
깊어진 밤인데 눈만 감고 있는 거
속으로만 수십 번 말하는 거

다 이유가 있겠지

연락이 닿지 않을 때

즐기던 음악
좋아하는 커피
화려한 음식들
다 소용없더라
모든 감각이 마비된 것처럼

오로지
잘 있다는
너의 표시
하나
그게, 필요할 뿐

한 걸음 뒤에서

아파하는 너를
어떻게 위로해야 할지 몰라
한 걸음 물러선다

그렇게
한 걸음 뒤에서
멈칫 멈칫

언제라도 뒤를 봐 줄까 하여
걷고 또 걷는다

물빛별이 되어

이별 후
하루에 하루를 더하고

멍울진 가슴속 그리움
반짝이는 물빛별이 되어

푸르듯한 강물처럼
흐르게 되었구나

마음이 내는 눈물

아프다

마음이 아프니
몸도 따라 아프다
밥물 끓어 줄줄 넘치듯
마음이 따가워 눈물이 넘친다

그만, 이제 그만 됐다 하는데
마음이 전하는 말에
몸은 아니다
아직 아니다 한다

아린 꽃

아니라고 수없이 말하지만
이 마음은 저 마음만 따라가는구나

리본을 풀었다 묶었다 낡아진 그리움 끈
묶는다고 묶여지는 것도 아니건만

스친 결 따라 가슴 아린 꽃망울
톡 톡 소리가 난다

바람 부는 날에

잔뜩
내 안에 바람이 들었다

내 속이 차갑고
내 속이 시끄럽다

너와
따끈한 차 한 잔이 그립다

보고파

선을 긋다 보니 네 얼굴이구나
우리라는 말 함께라는 거 참 좋아
미안하다 미안하다
애써 고맙다 고맙다
말하지 않아도 괜찮으니까
그냥 웃는 얼굴이면 다 돼

#애심 #고백

빛이 되어

수십 리 길
한걸음에 오셨나 봅니다

경미한 숨소리
헐떡이는 마음
추위에 떠는
날 보고

수십 리 길
한걸음에 오셨나 봅니다

보랏빛 그녀에게

도라지꽃마냥 웃는 그녀
유순한 품속 보랏빛 내음
제법 설레게 할 줄 아는구나

나비가 날아든다 그녀에게

오래된 만남처럼

김이 모락모락
커피 향은 코끝으로
옮겨 놓고
경사스런 잔치에
온 것인 양
키득키득 히히 호호
담장 넘는 소리

희한한 첫 만남
어색함이 조금도 없더라

숨은 보석

처음엔
듬성듬성

갈수록
촘촘하게

그대 마음 있는
곳 따라서다 보니

우와, 닦을수록
빛을 내는 보석이야

선물

멀리 있지만
늘 가까이 있는 것처럼

고맙다고
내가 할 말을 먼저 하는 그대가

오늘은
활짝 웃으며 내게로 날아들었다

웃음꽃

허허
오십 고개 넘어가니
우리 함께 진하게
웃어 봄세
숙제처럼 팍팍하게
살아온 인생 아닌가
활짝 핀 웃음꽃
하나씩 서로에게
달아 줌세

글 잔치

잔칫날
모이고 모인
웃음소리
활짝 피어나는
꽃이 되었구나

우울한 마음도
슬프던 마음도
서로 토닥이니
다시금
살 힘을 얻는구나

작가친구

커피를 타 준다던

작가친구는

매번

그 집 커피 향이 좋으니

나더러

타 달랜다

두서없이 떠들어도

인생 한 바퀴

홀짝홀짝

커피 향을 들이키는

짓궂은 웃음이

서글서글하다

잠시라도

연신
쏟아 붓더니
힘든가 보다
무지갤 다 띄우고

비도
차 한잔하며
쉬어 갈 모양인데
잠시라도 볼까

고백

여인네 마음에
쏘옥 들어온 그대여

인정스럽게
온 세상
가득한 흰 눈처럼
그대 새하얀 눈이
내게도 내렸다오
창문 틈 햇살이
줄지어 반짝거림은
그대 마음이
내 눈과
마주쳤기 때문이라오

소망

다음에
이다음에
이다음에도

혜옷을 입고
항상 기뻐하며
범사에 감사하며
서로 사랑하며
살아가련다

* 혜옷: 은혜의 옷

왼손

어찌된 일인지
손목 통증 때문에 오른손을
제대로 쓸 수가 없다
아무래도 연신 커피를 내리는 일이
무리가 되었던 모양이다

왼손이 보아 하니
오른손이 참 불쌍하고 애처로운가 보다
웬만하면 오른손이 하던 일을 서툴지만
왼손이 기꺼이 도와준다
냉장고 문을 열고
무거운 물건을 들고
오른 손목 위에 따뜻한 팩을 얹어 주고
왼손은 그렇게
오른손을 격려하며
제 역할을 할 수 있도록
아껴주며 사랑을 나눈다

키질하기

탁 탁 탁
바람을 등지고 키질하는 소리

탁 탁 탁
빈 쭉정이 내모는 소리

탁 탁 탁
바람 따라 날려 보내는 소리

거두려 하니 알곡 같은 돌멩이
콕 집어 던져 버리세

외침

꿈속 어느 날

걸어 갈수록 깊은 물을 만났어요
순간 어쩔 줄 몰라 몹시도 애탈 쯤

어디선가 다급한 목소리로
누군가의 큰 외침이 들려왔어요

얕은 물은 걸어갈 수 있지만
깊은 물에선 헤엄을 치는 거라고

이끄는 삶

세상에 적응하느라
끌려가는 삶을
살아도
되는 줄 알았다

끌려가는 삶이란
기쁨도 즐거움도
어떠한 기대와 소망도
살아있지 않다

끌려가는 삶이
아닌 이끄는 삶을
살아가는 이에게
응원의 박수를 보낸다

포기하지 않는 열정과

숨은 노력을 알기에

기쁨도 즐거움도

기대와 소망도

살아있음을 알기에

4장

#사랑합니다
#함께

심쿵

첫눈
내리는 날
자전거 타고
온 남자

길거리에서
우리 키스할까
한다

카페라떼

에스프레소는 우유를 만나
카페라떼라는 새 이름이
넘 좋단다

처음엔 불편하고 서먹했지만
작은 마음 주고 또 주고
깊은 마음까지 주었더니
훅 심장으로 들어와
최고의 사랑을 만들었다지

둘은 온전히 하나가 된 거야

약속

군대 간 남자친구에게서
편지가 왔다

연약한 나무를 세워 주는
버팀목처럼 내 인생
버팀목이 되어 주겠단다

그 약속을
굳게 지키기 위해
흰머리가 된 남자 친구는

나무인지 버팀목인지
하나가 되어
내 옆을 꼭 버티고 있다

기다림

늦은 밤
아직 귀가하지 않은
남편을
기다리는 것이
익숙할 만도 한데

이십년이 훌쩍
넘어 버린
지금도 힘겹다
믿지 못해서라기보다
다시 볼 수 없을까

그게 두려워
그런 것이 아닐까 싶다

화들짝

깊은 밤,
멈추었던 숨
한꺼번에 내뱉는 소리
화들짝 놀라
겨우 잠든 잠 깨워 놓는다
혹시나 모르니 보초가 필요했나
아랑곳 않고 잠든 당신
꼴 뵈기 싫은 것도 잠시
그 얼굴 보고 있노라니

흰머리
깊게 패인 주름 사이로
멈추었던 숨
한꺼번에 내뱉는 소리
그동안 세월처럼
무심하게 흐른다

김치찌개

열두시도 훌쩍
새벽녘에 퇴근한 남자
속 태운 거 생각하면
말도 않고 굶기고 싶지만
시무룩했던 표정이
체한 듯 마음에 걸려

쪼그라든 속이라도 풀라고
고기 한 줌 김치 한 줌
파 송송 마늘 송송
고춧가루 풀어
보글보글 끓여 댄다
어슬렁어슬렁

냄새 먹고 나온 남자 하는 말
그래도 마누라밖에 없네

수고한 당신에게

정장을 벗어
근엄함 내려놓으니

어린 아들처럼
따스한 가슴속
파고들어 와
포옥 얼굴을 묻는다

종일 힘들고
지쳤을 당신에게
유난히 까만 밤
엄마 품이 되기로 한다

다림질

구깃구깃한
당신의 옷을 매만져 봅니다

힘든 일이 있을지라도
제대로 울지도 못하고
부모님 생각하느라
자식들 생각하느라
마누라 생각하느라
견디고 견딘 모습들이
선명하게 스칩니다
여전히 부족하지만
사랑의 온도를 높여

구깃구깃한
당신의 옷을 다림질합니다

스위치

불현듯
조용함이 느껴질 때
당신의 소리가 들리지 않아
불안해질 때가 있어요

급하게
불렀을 때
어디선가 대답해 주는
당신이 얼마나 고마운지

그 순간
당신의 음성은
어두운 방을 밝히는
스위치입니다

돌부리

당신을
깜짝 놀래주기도 하고
꽈당 넘어트리기도 하는
난 돌부리였네
어두운 귀퉁이에 숨어
뚱한 채 울어 버리고
뾰족한 말로 상처 주는
난 돌부리였네

그런 돌부리를
고운 흙 채우고 채워 안아 버리듯
오랜 세월 속 당신 가슴에 포옥 싸여
웃으며 살아간다네

당신이 없는 날

당신이 없는 사흘은
신나는 휴가 같은 것

당신이 없는 석 달은
밥맛 잃기에 충분한 시간

당신이 없는 삼 년은
밀려드는 후회로 잠 못 드는 밤

당신이 없는 세상은
내 삶이 엎어져 죽음 같은 것

보약

보호받을 나이는 아니라지만
보호가 필요한 나이인가 봐요
당신이 집을 비운 날
알 수 없는 불안과 염려로
못된 꿈에 시달려 도통
잠을 이룰 수 없었답니다
아침이면, 두통이 삶을 삼킬 듯
반갑지 않게 밀려왔지요
드디어 내 옆으로 돌아온 날
당신이 집에 있다는 것만으로도
못된 꿈은 줄행랑쳤고
당신의 숨소리를 들으며
숲속의 공주처럼 단잠에
쏘옥 빠졌답니다
그렇게도 지근거렸던 두통이
감쪽같이 사라지는 걸 보면
당신은 나에게 보약인가 봅니다

부부

슬픔도
아픔도
기쁨도
웃음도
함께한 세월

같은 방향으로
주름져 가는 얼굴
우리는 부부입니다

부부 2

나를 선택한
당신은
용기 있는 사람입니다

차마, 드러내지 못한
돌연변이 같은 본연의
모습에도 불구하고

당신과 함께 살아온 날들이
부모와 함께 살아온 날들을
훌쩍 넘어 버렸습니다

당신은 나를 닮아가고
나는 당신을 닮아갑니다
부부라는 글자처럼

아플 때

아프다고 말하면
아프냐고 걱정스러워
이불을 곱게
덮어 주고는
쉬고 있으라며
얼른 주방으로 가
달그락달그락
고소한 참깨죽을
달달 끓여온다
어서 먹고 기운 내라며

곁에 있어
참 고마운 당신

함께

추운 이불 속
둘이 있으면 금방 따뜻해져 좋아요

같이 밥 먹는 거
설거지는 많지만 밥맛이 좋고요

노래할 때
따라 불러주면 마주 볼 수 있어 좋아요

혼자 있고 싶을 땐
모르는 척 옆에 있어 주면 좋고요

동반자

언제든
다가가기 좋을 만큼
따스한 당신
품에 안겨 울기에도 참 좋더라
계절 따라 세월 따라
변하는 건 마음이 아니라
당신의 외모뿐
한결같은 마음이라 그런지
변해 가는 외모도 멋스럽더라

커피 한 잔

향 좋은
커피 한 잔에

발그레
네 얼굴이 미소를 띤다

좋다
참 좋다

사랑합니다

작은 상처에도
파르르 성질부터
내던 나를
사랑한다 해줘서
고마워요

사랑하는 것도
사랑받는 것도
철부지처럼 서툰 나를
사랑한다 해줘서
고마워요

아직도 많이 부족한데
부족한 자기와
살아줘서 고맙다 하니
정말 고마워요
사랑합니다

단잠

둥근 달 쓰다듬듯
내 얼굴
스치는 당신 손길
참 따뜻해

모르는 척 잠든 척

몰래
실눈 떠 보니
어느새 고이 잠든 당신
잘 자요

품

나 좀
안아 줘요
다가서면
멈칫
하지 않고
말없이
꼭 안아 주는 당신

그 품에서
막혔던 숨을 내쉽니다

가슴속 말

두렵고 떨리는 날
보드라운 당신
눈빛으로
끝없이 나약해지는
마음 버티어 섭니다

두렵고 떨리는 건
매한가지인데
연약한 당신이
먼저
웃어줍니다

여보
당신
너무 고맙고
너무 미안하고
사랑합니다

부러진 의자

다리가
부러진 줄 몰랐어요
항상
든든하게
그 자리를 지켜줘서
몸소
누군가에게
쉴 곳을 내어 주는 것

그 사랑은
희생이었나 봅니다

기억해

곁에 있다 보니
늘 그럴 줄 알고
자꾸만 잊어버려
바보처럼

이 세상에 없다면
미치도록 보고 싶은
사람이라는 걸
기억해

기억하자

아빠 애인

팔짱을 끼고
천천히 걸으며
함께 차를 마시고
가장 예쁘게 웃는

기꺼이
아빠 애인이 되어 주는 딸

아들 생각

노란 참외를 보니
노랑머리 어린왕자가 생각나고
어린왕자 생각을 하려니
어린왕자를 그려 주던 아들이 생각나
단내가 폴폴 나는 참외
도란도란 얘기하며 아들과 함께
먹으면 참 맛날 텐데
보고 싶구나

행복한 아이

자작곡/엘프린스킴

하나님의 자녀
우리 아이야
나는 아빠란다
무럭무럭 자라서
힘차게 뛰어 보아라
하나님의 자녀
우리 아이야
나는 엄마란다
맑고 밝게 자라서
웃으며 살아가거라

아빠의 친구 엄마의 친구
하나님의 귀한 자녀야
하나님은 너에게
사랑과 축복 지혜와 인내로
넘치도록 채워 주시리라

겸손

절망 하지마라
항상 실패만 하는 건 아니더라

잘난 체 하지마라
항상 성공만 하는 것도 아니더라

늘 겸손하거라
실패도 성공도 함께하는 걸 보면

둘 다 필요한 거더라

생각여행

불 꺼진 방에
어디서 오는 빛인지
생각하기 딱 좋을
만큼만 채웁니다

눈을 떠도 좋고
눈을 감아도 좋아요
심각한 여행도 좋고
로맨스 여행도 좋아요
과거 여행이면 어떻고
미래 여행이면 어때요
내 맘대로 여행인 걸요

인생 마라톤

인생은 마라톤이라는데

마라톤이라면
중간 지점을 넘어선
지금쯤이면 끝내고 싶지 않을까
그런데 막 달려가
끝내고 싶지는 않아
쉬엄쉬엄 걸어가다 주위를 둘러봐
뒤를 돌아보기도 하고
그래도 마라톤이 끝날
그쯤이 되면
위로의 눈물과 함께
힘찬 박수를 받고 싶네